家變之中書寫香港

——紫荊花的記憶

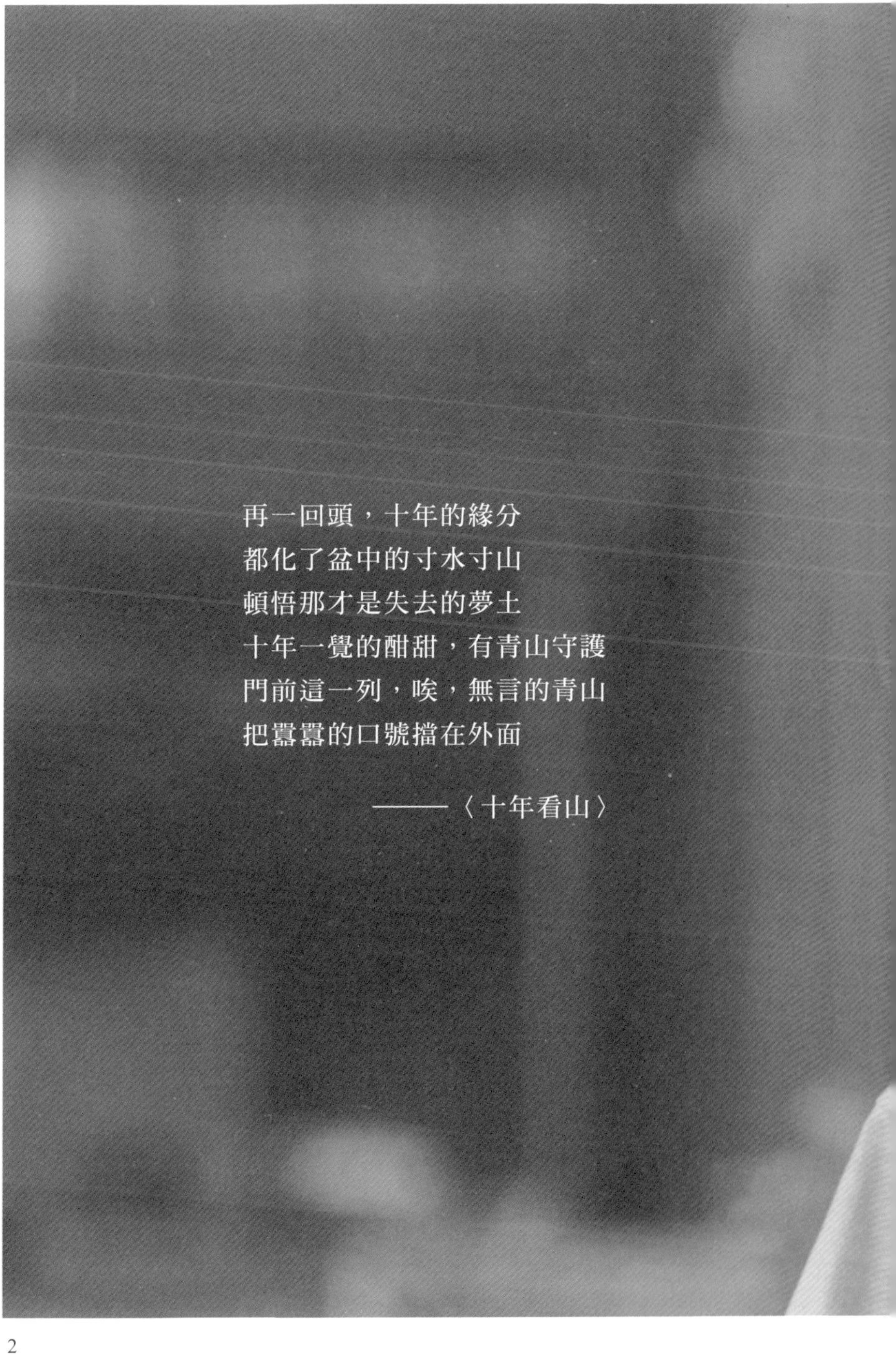

再一回頭，十年的緣分
都化了盆中的寸水寸山
頓悟那才是失去的夢土
十年一覺的酣甜，有青山守護
門前這一列，唉，無言的青山
把囂囂的口號擋在外面

——〈十年看山〉

余光中書寫香港・序

國立中山大學 鄭英耀校長

余光中教授在一九八五年到本校任教前，於一九七四年至一九八五年間，任教香港中文大學聯合書院中文學系，是他文學生涯中的「香港時期」，在這段期間創作出一百六十三首已出版的詩文及二十五篇已出版的散文，是創作的黃金歲月時期，對於往後台灣時期的創作有著深遠的影響。

本紀錄片跟隨余光中教授香港時期文學歷程，以香港中文大學為主軸，實地走訪香港機場、沙田、船灣、馬鞍山等地；並拍攝中文大學圖書館典藏余光中教授任教時期相關手稿文物、獲頒榮譽文學博士等實體資料。

背景音樂穿插余光中教授的詩文入曲，其中二首獲得楊弦先生及羅大佑先生等著名作曲者無償授權外，另外二首配樂由本校二位學生吳翊菱及劉羿均作曲創作，此外，邀請國立中央大學中文系李瑞騰教授，為片段搭配旁白，增添畫龍點睛之效。

透過本紀錄片，讓我們進一步認識文學家余光中教授的現代詩創作風華，及香港時期詩文創作、教學及生活點滴，也透過本紀錄片一起緬懷中山大學永遠的土地公―余光中教授。

余光中書寫香港・序

國立中山大學頂新人文藝術中心 黃心雅主任

余光中教授曾說：「大陸是母親，台灣是妻子，香港是情人，歐洲是外遇」。不少作品也談及對香港的情感。一九七四年至一九八五年年的十一年間，是余教授創作豐盛的「香港時期」，以多元的題材，書寫一百六十三首詩歌及二十五篇散文，豐富詩人的文學生命，更為華文世界留下璀璨的風華，撼動全球華人情感。

《余光中書寫香港》紀錄片以「望海」一詩做為開端，述說余教授自西子灣隔著臺灣海峽與香港的友人相望的戀慕之情，由海峽這頭水平遙望，「最遙遠的」卻是那雙深邃「望海的眼睛」，唯有與余教授在西灣共處十餘年日常的眼神交會，方能瞭解那深邃遙遠的眸子，承載了海洋無法阻隔的情感聯繫。圓心無處不在，圓周無處可尋。

余教授於一九八五年自港回台，擔任國立中山大學文學院創院第一任院長，為中山大學奉獻三十二年歲月，作育無數英才。「余光中人文講座」於二〇一三年開辦，由余教授親自主持、召集講座諮詢委員會策劃，並邀請形塑當代文化之重量級人文及社會科學學者、藝術家、作家駐校，舉辦多場駐校系列講座與藝文展演，參與人次至少兩萬人，新聞媒體報導累計近百則。多場精彩講座編輯為專冊，廣為流傳，是文化傳承，更為全球華人文明注入令人驚豔的能量。《余光中書寫香港》紀錄片由「余光中人文講座」贊助，並透過本校「余光中數位文學館」的數位化珍藏，藉由網路傳播，讓世界一窺大師風範，帶動全球人文藝術思潮。

《余光中書寫香港》紀錄片由余幼珊教授與本校圖資處王玲瑗組長實地走訪香港製作，

中文大學師長友伴協助，音樂乃余教授詩文入曲，由楊弦、羅大佑等作曲家無償授權，於二〇一七年十月為余教授暖壽首映。首映會余教授現場致詞、回答問題、接待來訪貴賓，其溫暖的身影、犀利的眸光、智慧而機巧的語言，集合成記憶中美好的人文盛宴。四十分鐘的紀錄片、十一年的香港歲月，承載的是文學巨擘巨大的靈魂，而紀錄片不僅是成果的回顧與累積，更是引領我們勇敢前行的動力。由衷感謝余教授，將生命中三十二年精華歲月奉獻給中山大學及華文世界。延續並傳承文化的香火是我們共同的職志。望余教授的精神與風骨能藉數位典藏開啟你我通往人文藝術殿堂的大門，共同實踐維繫人類文明的人文精神。

余光中書寫香港・序

國立中山大學圖書與資訊處　范俊逸處長

國立中山大學圖書與資訊處自二〇一四年起獲得頂新人文藝術中心經費挹注，除維持原有「余光中數位文學館」網站營運外，增加余學研究資料庫，建置「余學研究書目文獻」當代文學研究資料庫。

此外，為完整收錄余光中教授文學及學術發展之軌跡，納入余教授「香港時期」數位典藏資料，二〇一六年規劃拍攝「余光中書寫香港紀錄片」。在二〇一七年四月至六月，紀錄片實地走訪香港拍攝，並搭配余光中教授友人黃維樑教授、金聖華教授與高足黃秀蓮老師、樊善標教授的深度訪談，以呈現當代詩人余光中教授於香港的文學創作、教學與生活點滴。

文學家梁實秋先生曾說過：「余光中右手寫詩，左手寫散文，成就之高一時無兩」，黃維樑教授更稱其有「璀璨的五采筆」。余光中教授的五采筆在香港書寫了一段非常美好的階段，也為日後的文學發展，寫下一頁輝煌的篇章！

本紀錄片是由本校圖資處同仁獨力完成，感謝王玲瑗組長及其團隊同仁，包含林子政組員、邱郁雅助理與傅屹璽助理，同心協力完成此紀錄片的製作與拍攝，對於余光中教授的文學研究提供重要的資源與素材。最後，感謝香港中文大學圖書館副館長劉麗芝女士、助理館長李麗芳女士及其他同仁提供支援協助拍攝。

余光中書寫香港・序

國立中山大學外國語文學系退休教授 余幼珊

二〇一六年夏天，父親意外摔倒，傷及腦部，治療休養後雖已無大礙，但是無法再如往常般工作，也無法再繼續主持頂新人文藝術中心的余光中講座。承蒙頂新中心所有委員同意，我們重新規劃了中心經費的用途，其中一部分便撥給中山大學圖書與資訊處。十年前，也就是二〇〇八年，圖資處的王玲瑗組長曾獲科技部計畫，設置了余光中數位典藏，此計畫已完成，然而仍有可增補之處，因此撥給圖資處的這筆經費便用於擴充余光中數位典藏。同時，王組長認為父親在香港的那段經歷十分重要，但是尚無詳細記錄，便和我商量將部分經費用來製作香港時期的紀錄片。

父親於一九七四年帶著全家遷居香港，在中文大學中文系任教十一年。那是他寫作生涯中相當特殊的一段時期，就文學創作而言，那期間父親寫了一百六十三首詩和二十五篇散文，相當豐收。香港因中、西、古、今文化之相互衝擊和交融，成為一個非常獨特的地方。其地理位置又處於台灣和大陸之間，而當時大陸是文革後期，台灣則仍在戒嚴，這兩地所能獲得的資訊皆有限，然而香港則極為自由，因此父親在那裡所接觸到的人、事、物，皆不同於以往，造就了父親那段時期不同的寫作題材和風貌。一如流沙河先生所說，正因處身香港這樣的環境，父親才寫出了〈夢魘〉、〈小紅書〉和〈唐馬〉這一類的詩作。

同時，中文大學位於新界沙田，山明水秀有若世外桃源，因此那十一年也是父親自稱「最安定最自在」的時期。他不但為沙田的山水作詩為文，更刻劃身邊的文友，而新界的一些地方，如吐露港、飛鵝山、鹿頸等也都一一進入他的詩文而成為香港文學中的地標。樊善標教授即曾於香港新界舉辦「重尋余光中山水因緣」文學散步活動，舉辦之日恰巧就是父親告別式的第二天。

二〇一七年四月，我和王組長前往中文大學為紀錄片之拍攝做準備。相隔三十多年，中文大學的面貌、地貌都有很大的改變，但是父親從前工作和教學的地方，以及我們居住過的教職員宿舍仍和以往差不多，紀錄片乃得以捕捉到若干當年的景象。

此計畫得以圓滿完成，要特別感謝頂新人文藝術中心黃心雅主任以及所有委員大力支持，也非常感謝香港中文大學圖書館副館長劉麗芝女士、助理館長李麗芳女士提供支援，另外還要感謝金聖華教授、黃維樑教授、黃秀蓮老師以及樊善標教授多方協助，為父親的香港時期留下珍貴紀錄。

余光中書寫香港・序

國立政治大學台灣文學研究所 陳芳明講座教授

二〇〇八年，余光中老師八十歲時，我為他編輯兩本選集，一是《余光中六十年詩選》（印刻），一是《余光中跨世紀散文選》（九歌）。那年重新閱讀余老師全部的作品，可能是我生命中非常喜悅的珍貴記憶。畢竟，能夠那麼完整走過余老師不同時期的風格，可以說是心靈上又獲得一次文學洗禮。我從一九六七年夏天開始認識余老師以來，五十年已經過去。當時一位歷史系的學生，能夠接受余老師的指導，確實是無法忘懷的記憶。縱然不是他班上的學生，卻因為有這樣可貴的接觸，竟然把一位歷史系研究者改造成為文學研究者。

在編選過程中，閱讀余老師的詩與散文之際，不僅與他一起年輕，也一起步入中年，然後也一起步入向晚的階段。那種閱讀的愉悅，是從來沒有過的。記得在編選老師香港時期的作品，包括《與永恆拔河》、《隔水觀音》、《紫荊賦》三本詩集。那是他創作生命臻於成熟的階段，相較於稍早的《在冷戰的年代》與《白玉苦瓜》，可以發現他的詩筆已經非常老練，也非常穩重。尤其他所寫的幾首詩，包括〈夜讀〉、〈蛾眉戰爭〉、〈木棉花〉、〈甘地紡紗〉都超越了之前的作品風格。 余老師在香港中文大學中文系擔任系主任，應該也可視為文學奇蹟。一位英文系教授竟然可以跨行到中文系擔任系主任，在近代學術史上可謂絕無僅有。遠在北美西雅圖讀書時，我仍然與他保持書信往來。他的文學生產量，即使移居到香港之後，還是相當豐富。他不僅常常在《明報》月刊發表新的作品，也同時在台灣的報紙持續不斷發表詩、散文、翻譯、評論。那時余老師已經跨過五十歲，卻仍然保持睥睨四方的姿態。那年夏天，在編輯他的詩集與散文時，我特別注意到，余老師對自己的要求具備相當高的規律與紀律。

在文學道路上，我總是仰望著他，而且只能看到他的背影，因為他始終都走在最前端。在他七十歲時，我曾經寫過一篇散文〈余光中是我的鄉愁〉。他八十歲時，我為他編了兩冊作品選。如今，老師迎接九十歲之際，身為他的學生，我也計畫要為他寫一些文字，卻沒有想到他驟然選擇離開他所眷戀的台灣土地。接到他去世的消息時，我正在捷克的布拉格訪問。那麼多訊息湧進來時，讓我在異鄉的城市禁不住顫抖，一時無法克制自己。他的去世是那麼突然，非常不像他的行事風格。每次與余老師相聚，時間節奏都控制得很好，一切總是井然有序。他到達八十五歲時，還是堅持繼續開車。記憶裡，最難忘的是他驅車時的那種自在。有一次，他載著師母與幼珊，我坐他駕駛座的右邊。他開車時是那麼專注，同時又是那麼從容。那時，老師特別邀請我去澄清湖畔看市政府建置未久的「余光中詩碑」。余老師雙手穩定放在駕駛盤上，開車之際，一邊與我說話，一邊不忘看著後視鏡。那種篤定姿態讓我很放心，但是想到他已經是八十歲的人，更是不由自主佩服他。在他的生命裡的每個階段，總是知道如何管理自己的生活秩序。在文學營造上，他更加警覺如何使自己的想像日新又新。在教學上，他也非常明白如何與學生進行對話與互動。

我另外一次坐車的經驗，是與老師、師母用完晚餐之後，他堅持載我到高鐵左營站。那時已經過了晚上九點，我再三推辭，但是老師說：「我喜歡開車。」最後還是順從他的意思，老師乘著南台灣的晚風，一路疾馳到車站。他開車的穩重架式，到今天還是讓我難忘。尤其他堅持載我到五層樓的停車場，更是讓我感到驚險又驚艷。他駕車的穩重，又一次讓我聯想到他早年散文集《望鄉的牧神》。他在字裡行間透露自己駕車於美國高速公路的經驗，閱讀之際，隱隱約約可以接收那種快意的速度感。我終於能夠體會，老師散文裡暗藏的速度感，似乎與他的駕車經驗息息相關。

我還記得余老師在八十歲大壽研討會的開場致詞。那時我坐在他的身邊，只見老師在桌上置放一張紙片，上面寫了幾個簡單的關鍵字。讓我感到訝異的是，老師順著關鍵字的排列順序，娓娓道出文學與長壽的關係。在演講過程中，老師旁徵博引，道出自己如何在漫長的歲月裡投入文學營造。有時語帶幽默，讓聽眾哄堂大笑。有時也自我調侃，使聽者會心一笑。那是最典型的余派風格，從未出現冷場。那次演講後，老師已經改寫成一篇散文正式發表。那種他一貫作業的效率，從未浪費任何時間，也從未虛擲任何文字。那時坐在老師身旁，我更加可以體會大師的風采。他說話的強弱輕重，他演講的舉手投足，自然而然帶著一定程度的感染力。因為非常貼近他的身邊，我終於明白老師是如何自律甚嚴，更明白他是如何敞開自己。

在余老師生命中的最後二十年，我幸好與他保持不斷對話，自己也幸好可以為老師效勞。正是在他八十大壽研討會那天，政治大學也適時頒授給他名譽博士學位。那可能對他是額外的加持，未能帶給他更多生命重量。無需世俗給予他任何肯定，余老師的文學世界就已經非常飽滿，非常豐饒。然而，那是一個人文大學對於當代大師所能給出的最高敬意。經過多少年迂迴曲折的交錯，我再次回到余老師的門庭下。他所帶給我的文學教育，並沒有任何具體形式，也沒有任何一定程序。我所得到的身教與言教，已經超越世俗的價值太多太多。

他在香港的歲月，正是我缺席的時候。生命中有太多無法彌補的時刻，這部紀錄影片正好給我一個小小的參與空間。余老師選擇在九十歲生日之前，離開他所眷戀的台灣。我只能抑制悲傷，為他寫這篇小小的序。篇幅有限，但我對他的敬意，卻是無窮無盡。在影片上，看到老師開懷的笑容，我也跟著微笑了。多少年來，由於老師定居高雄，而我在台北任教。總是只能以電話聯絡，或是南下開會時與他相聚。如今我已經完全失去與老師的重聚，只能在影片裡懷念他，想像他，重逢他。

二〇一八年一月二十七日　舊金山旅次

目次

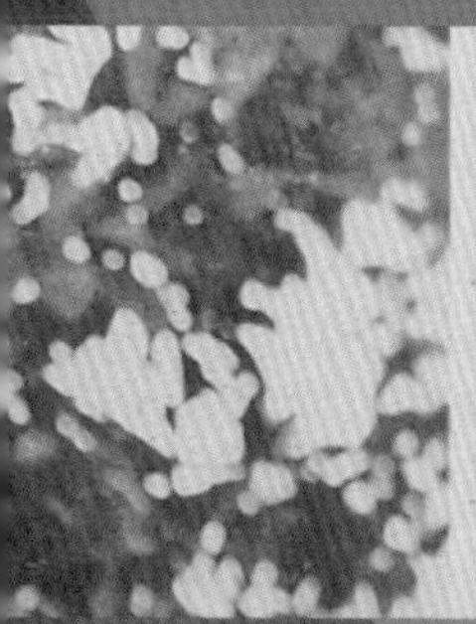

余光中書寫香港

大陸是母親、臺灣是妻子、香港是情人

余光中教授，一九二八年重九日生於南京，祖籍福建永春。父余超英原籍福建泉州永春，母孫秀君為江蘇武進人。一九三七年抗戰初起，隨母親逃難上海，顛沛流離中求學，一九三九年，為尋父，乘舟輾轉，從上海到重慶，途經香港，時逢農曆春節，度過了一個戰亂中的年，這時的他，怎能想到，往後的歲月，香港這地方和他有極深的緣分。

一九四七年於南京青年會中學畢業，先後考取北京大學和金陵大學，因北方動盪不安，入金陵大學外文系。一九四九年，轉學廈門大學外文系，於廈門《星光》、《江聲》二報上發表詩及文學評論十餘篇，其中包括一九四八年生平首次創作的第一首詩〈沙浮投海〉，自此開始了超越半個世紀的文學創作生涯，同年七月隨父母遷居香港。

一九五〇年隨母自港來臺，插班考進臺大外文系。一九五二年取得臺大外文系學士學位，第一本詩集《舟子的悲歌》出版。一九五九年獲美國愛荷華大學藝術碩士學位。返臺後曾在臺、港、美

國及中國各地大學任教，作育英才無數，除了文學創作成就外，教學與研究並重，培養出不少日後的文壇新秀。一九八五年迄今定居高雄，在中山大學任教，現為學校榮譽退休教授、光華講座教授。

香港時期教學與生活

「書齋外面是陽台，
陽台外面是海，是山，
海是碧湛湛的一彎，
山是青鬱鬱的連環」。
——〈沙田山居〉

余光中教授於一九七四年至八五年間任教香港中文大學聯合書院中國語言及文學系教授，這段期間創作出已出版的一六三首詩作及二十五篇散文，是他文學生涯中的「香港時期」，詩人流沙河先生於一九八八年著作的文章〈詩人余光中的香港時期〉曾說：「余光中在九龍半島上完成龍門一躍，成為中國當代的大詩人」，對於往後臺灣時期的創作有著深遠的影響。

一、香港時期教學生涯

「余教授的成就，一般人看見的，都是他在創作的方面，其實，他用於教育的苦心，不比他在創作方面少」。——黃秀蓮

(一) 課堂上印象深刻的回憶

余教授香港中大的學生黃秀蓮老師說：「我與余光中教授的緣份，是從他的作品開始的，我是先拜讀他的詩、散文、翻譯，後來很幸運能夠成為他中文大學的學生，在一九七七年我唸大學二年級，當時余教授開了一門課『現代文學』，那門課原訂預算收四十個人，後來選修人數多達一百二十多人，原來的教室容納不下，搬到新亞人文館一一五教室，老師的名氣大，仰慕的人很多。

余教授做事很有計畫、很精細，他教學，很有條理，每一課要講什麼都準備得很好，他備課用的時間很多，所以在課堂上可說是字字珠璣，教書不僅學識豐富，且充滿幽默感，既嚴肅又輕鬆，他對學生非常關心，很留心同學的眼神，貌似不明白，他就立刻停下來，再補充講解，讓同學聽得明白為止。

余教授對人很體貼，他的心，很溫情，我覺得這一點是很重要的，我們尊敬一個老師，除了他教學好之外，中國人很重視的就是品德，這點我是非常的敬佩的，他的作品、人品，同樣的高。

1997年香港中文大學同學訪高雄，與余光中教授合影於中山大學

余光中教授留影於國立中山大學校園

三月、四月的時候，中文大學的霧很大，上課時，他走進教室後跟我們說：『霧很大』，然後，若有所思的說：『老師、學生都像一個仙人一樣，袖裡都藏著霧』。

四十多年過去了，感受依然很深，好像我第一次接觸，一位同時是作家，又同時是老師的人物，那感受真是奇妙」。

（二）余光中教授香港同事及友人

余教授在香港中文大學任教期間，同事友人相聚的核心有梁錫華、黃國彬、黃維樑，稱之為「沙田幫」或者是「沙田四人幫」，另外還有許多友人如：宋淇、喬志高、思果、陳之藩、胡金銓、劉國松、黃維樑，余教授有一篇文章，名稱為〈沙田七友記〉，描述了與友人相處的點滴。

余教授是寫現代文學的，但他在中文系有一位很好的朋友—蘇文擢教授，為一名國學大家，寫古文、古詩、填詞，兩位都是很有胸襟，很難得的人物，彼此惺惺相惜。

余教授在後來回到高雄中山大學，辦公室裡有一幅對聯是蘇文擢教授送給他的—「以壯行色」，可以見得他們的感情是很深厚的。

1975年余光中教授於香港中文大學聯合書院，胡忠圖書館前草地與同學談文學

1993年3月攝於香港大嶼山頂
左起：黃維樑、余光中、梁錫華、黃國彬

余光中教授出席2003年12月7日在香港所舉辦的「第二屆新紀元全球華文青年文學獎」頒獎典禮

(三) 全球華文青年文學獎淵源

上一個世紀末時，香港中文大學文學院，推出了一個活動叫做「新紀元全球華文青年文學獎」，由世界著名華文作家、學者和翻譯家擔任作家、顧問或決審評判，余教授可說是這個文學獎的「活水源頭」，這個獎每三年舉行一次，到目前為止已舉行第六屆，對於全球華文文壇的影響力非常大，最高峰的時候，世界上有四百多所大學的大學生來參加，余教授對中文大學這個活動非常的支持，他從第一屆到第五屆，都是親自蒞臨，擔任最後的評判，做過文學獎當中翻譯組的評判，也做過散文組的評判，余教授總是不遠千里，對活動投入最大的支持。

二、香港生活點滴

「在香港住了十一年非常的留戀，這麼多年在那裡，也等於是我們的故鄉之一」。

——范我存

（一）香港時期生活經驗

一九七四年到香港，對詩人家庭來說，是一大轉變，余師母范我存女士回憶：「到了香港發現語言不通，香港普遍都是講廣東話，我們那時講普通話在香港是不通行的。

此外，交通的問題，孩子上學時搭校車，放學時，校車在什麼地方停留，這些都要開始去了解，然後要能搭上車，萬一沒趕上車就回不了家，這些都是要特別留意的事情。

初到香港中文大學時，最近的一個城鎮是沙田，最早沙田只有一條街，一家人會去街上館子用餐，後來沙田改變成一個城鎮，房子起來了，有條理的進展著」。

在香港住了十一年非常的留戀，這麼多年在那裡，也等於是我們的故鄉之一」。

（二）與學者和友人間的互動

新亞書院就有一個講座，每一個月都會請一個人來座談、演講，大陸

余光中教授伉儷攝於香港中文大學宿舍

余光中教授全家福攝於香港中文大學宿舍

改革開放以後，早年余教授心目中的偶像，比如朱光潛先生都出來了，出來以後余教授非常高興可以見到他們。

中文大學有很多在文史方面很有成就的老師，雖然不同學院，也經常與余教授往來，比如陳之藩教授，他住在余教授宿舍的樓下，因此家裡時常有文友聚會。

寓居香港時，臺灣的朋友經過香港，時常拜訪余家，比如說殷允芃、齊邦媛、詩人瘂弦，碰面最多的就屬林海音夫婦，因為在香港有一份報紙叫星島日報，每一年都會召開一次新聞的會議，所以她們每一年都會到訪香港，余家人總是很開心，陪同好友去購物、聚餐，大家都很高興。

一、生活感悟：從位在沙田的宿舍望去，因周遭事物而起興，是其香港生活的紀錄。

(一)香港地景

香港中文大學中文系樊善標教授說：「余教授到了香港後，對大自然的描寫、山水地貌的創作多了許多，比如：〈沙田之秋〉、〈九廣路上〉、〈公無渡河〉、〈半島上〉、〈馬料水的黃昏〉、〈船灣堤上望中大〉等，余教授在香港用他的采筆記下香港地景，書寫了一段非常美好的階段」。

(二)校園生活

〈沙田山居〉是余教授寫在中文大學校園教學及生活的情況，詩中有一個情節寫到，在聯合書院講課，春天時整個校園都是霧氣，是學校師生日常的上學情景。

(三) 現代詩的「三度空間」

余教授到香港之前出版的《白玉苦瓜》，在自序中提到，他是一位非常自覺的作家，完全明白自己要走的路，其中提到一點，現代詩有「三度空間」：「縱的歷史」、「橫的地域」及「縱橫交錯的現實」。余教授是一位很懂得借用不同的地點書寫的一位作家，他每到一個地方，那個地方給他的感受，都能啟發用於創作裡面，有新的題材、新的風格，在香港也是同樣的效果。

二、憂國懷鄉：地處香港，書寫兩岸三地，身在邊界，嚮往回不去的故鄉。

(一)書寫大陸

香港，很靠近中國大陸，余教授總是感時憂國，寫了不少跟大陸有關的詩，包括：〈夢魘〉、〈海祭〉。

(二)書寫香港

書寫香港的作品很多，特別是臨近九七，一九八二年香港的九七問題開始出現了，很多香港人都很迷茫，余教授寫過一篇〈過獅子山隧道〉。

「時光隧道的幽秘，伸過去，伸過去—向一九九七，迎面而來的默默車燈啊，那一頭，是什麼景色？」

意思就是，對前路的不明朗、不明確的一種困惑。過了一段時間，他書寫了詩作〈紫荊賦〉，紫荊是香港的市花，詩中說：

「一彈就破，一吹就散的紅霧，十三年的風雨，禁得住嗎？」

船灣堤上望中大
老火車站鐘樓下
蔡元培墓前
獨白
山中傳奇
競渡
沙田暑意
過獅子山隧道
山中一日
不忍開燈的緣故
紫荊賦
東京上空的心情
十年看山
老來無情
別香港

從那個時候到一九九七，十三年，所以他說：「一彈就破，一吹就散的紅霧，十三年的風雨，禁得住嗎？」

(三) 關懷臺灣事物

余教授在香港，也非常關注臺灣的事物，有一年，高雄選出了市花「木棉花」，於是他寫了一篇〈敬禮，木棉樹〉致意，詩中表達了為正派民主而諫言的一種意義在，詩分三節，首節如下：

「這才是美麗的選舉，不罵對手，不斬雞頭，要比就比自己的本色，紅櫻丹與馬櫻丹，黃槐與木蘭，把路人引誘過來的，不是紅苞，是紅葩」。

三、古典情懷：久在中文系的緣故，而有了情不自禁的「文化孺慕」及「歷史歸屬感」。

余教授從臺灣到香港，是教學生涯的一大轉變，從外文系教書到中文系教書，為了教學的需要，對於中國古典文學的創作造詣精進，在早期他已寫過李賀〈象牙塔到白玉樓〉，到了中文大學中文系，更增加許多以中國古典文學的作家作為書寫的題材，比如：曹操、李白、杜甫、屈原、蘇東坡等。

以寫詩仙李白來說，就有三首詩之多，其中講到，李白喜歡喝酒，喜歡寫月光，他書寫了這樣的幾句：「酒入豪腸，七分釀成了月光，餘下的三分嘯成劍氣，繡口一吐就半個盛唐」。

四、創作題材多元化：香港生活點滴也成為創作靈感來源。

香港生活，題材廣闊很多，感受也深刻很多，除了書寫大陸、臺灣、香港外，也寫外國，寫莎士比亞、寫Gorbachev、Orwell、George Orwell，英國的小說家等。

余教授的詩作常出入古今中外，沙田有馬場，許多香港人就喜歡賭馬，中學的時候讀過詩經，可是長大了、就業了，他們不再讀文學了，他們賭馬的話，就讀馬經，這首詩的第三節說到：

「窮邊上熊覬狼覦早換了新敵，氈帽壓眉，碧眼在暗中窺，黑龍江對岸一排排眾機槍手，筋骨不朽雄赳赳千裏的驊騮，是誰的魔指冥冥一施蠱，縮你成如此精巧的寵物，公開的幽禁裏，任人親狎又玩賞，渾不聞隔音的博物館門外，芳草襯蹄，循環的跑道上，你軒昂的龍裔一圈圈在追逐，胡騎與羌兵？不，銀杯與銀盾，只為看臺上，你昔日騎士的子子孫孫，患得患失，壁上觀一排排坐定，不諳騎術，只誦馬經」。

在博物館典藏的唐三彩馬，從漢朝到唐朝，都是雄赳赳的，非常的威武，而騎士要保衛國家、很英勇，他有很多形象的語言、用歷史的典故，來寫出從漢到唐，這些馬以及騎士的雄風，到了最後，他寫到跑馬場裡面很多人只是看著賽馬，騎士的子子孫孫，患得患失，在看臺上一排排坐定，不諳馬術，只誦馬經，這些人不會騎馬，不會馬術。

1996年余光中教授與詩人流沙河攝於成都杜甫草堂

其他像生活的日常，也書寫，如：〈割盲腸記〉、〈驚蛙〉等，寫得很有趣味，與過去有很大的差別。

香港時期對詩作創作的影響

「余光中右手寫詩，左手寫散文，成就之高，一時無兩」。—梁實秋

很多對余光中教授非常崇高的評價，是余教授在香港的時期，如：臺灣的學者，也是文學批評家顏元叔，認為余光中教授應該就是「現代詩壇的祭酒」。在中國大陸，也有很多余教授的知音和讀者，其中一位是李元洛，他是最早介紹余教授的作品的，另一位是流沙河，他是詩人及詩評家，是余光中文學在大陸的第一知音。

一、余光中談香港時期對他的影響

余光中教授說：「香港時期對我的影響很大，我全家連根拔起，有十一年在香港，所以這一大變化對我是非常重要。我是從外文系教授跑到中文系去教課，所以那幾年我對中文也比較注意，因為外文系的教授，唸中文的文言，唸錯幾個字無所謂，但一旦成為中文系的教授，就特別注意中文的種種。

尤其是在電視上，訪問我的人用廣東話，我的回答用普通話，這是世界上少有的，我的國語講得很純，比較沒有方言。

我在香港時期創作很多，比如說很有份量的五萬字長篇的論文，就叫做《龔自珍與雪萊》都跟香港有關係。

香港的生活多采多姿，英國人經營得不錯，所以我把這一個多采多姿的題目都寫成了詩，比如說有一首詩叫〈唐馬〉，從唐朝的戰爭一直寫，寫到後來⋯⋯可是我們的後人一排排坐定看賽馬。

總之，我覺得我的決定是對的，把全家人帶到香港去，不過當時很對不起我的父親和她（范我存）的母親，因為他們要過幾年沒有孫子輩在身邊，真的很對不起的」。

余光中教授攝於香港中文大學宿舍

二、現代詩對臺灣民歌時期的影響

一九七五年，現代民歌之父楊弦先生「以詩入曲」余光中教授詩集《白玉苦瓜》中包含〈鄉愁四韻〉等八首歌曲及詩集《蓮的聯想》中挑出譜曲的〈迴旋曲〉共九首，在臺北中山堂演唱，引發「現代民歌運動」，民歌時代從此正式開始。

本紀錄片中，兩首配樂〈望海〉、〈雨聲說些什麼〉由中山大學兩名學生以詩入曲創作，余教授在訪談中提到：「比如〈望海〉、〈雨聲說些什麼〉，詩的結構都是迴旋式的，都是很有音樂性，像這〈望海〉越望越遠、越望越遠……，很有秩序，〈雨聲說些什麼〉要譜曲也很容易譜曲，我想譜曲家碰到我的作品，應該都覺得很高興」。

三、榮獲香港中文大學榮譽文學博士

香港中文大學榮譽教授金聖華教授回憶道：「余光中教授在中文大學待了十一年，在中大有很大很大的貢獻，所以在二〇〇三年的時候，中大頒給余教授一個榮譽文學博士，當年我是中大寫讚辭的，中大不但給了余教授，還給了香港最有名的一位學者一饒宗頤教授，那一年，是中文大學給榮譽博士最光輝的一個時刻。

四、榮獲世界華文文學獎

余光中教授八十七歲那一年，獲頒第十三屆大馬花蹤「世界華文文學獎」，余教授曾說：「花蹤世界華文文學獎，對當代的華文文學創作者是肯定更是鼓勵，並讚揚大馬華文文學前途無限，不少大馬華文作家在臺灣擁有一片天，談華文文學不應是兩岸三地，更應納入大馬拓展至兩岸地」，余教授文學成就跨越中西領域，得獎實為實至名歸。

別香港

「每當有人問起了行期，青青山色便哽塞在喉際，他日在對海，只怕這一片蒼青，更將歷歷入我夢來」——〈十年看山〉

2003年余光中教授獲頒香港中文大學榮譽文學博士

在余光中教授即將離開香港時，有一種很濃厚的依依不捨之情，〈十年看山〉、〈別門前群松〉，都有他非常非常濃重的、傷離別的情緒，他很捨不得香港，他曾經在一篇文章裡面說：「在香港的那段歲月，是我這一生過得最安穩、最舒服、最愉快的日子」，在他的文學生命裡面，也是佔的比重很大的一個時期。

〈香港結〉

十年打一個香港結
用長長的海岸做絲線
左盤右轉
編成了縈迴的港灣
用地鐵連成一串
那樣瀟灑的活結
以為到時候
只消輕輕地一抽
從頭到尾
就解了一切的綢繆
而今已到了那時候
無論當初打結的人

怎樣地抽手
怎樣地抽身
怎樣側側又轉轉
那死結啊再抽也不散
而無論是那根線頭
從西貢到長洲
總是越抽越緊
隱隱，都牽到心頭

——1985.12.2《夢與地理》

〈望海〉

比岸邊的黑石更遠，更遠的
　是石外的晚潮
比翻白的晚潮更遠，更遠的
　是堤上的燈塔
比孤立的燈塔更遠，更遠的
　是堤外的貨船
比出港的貨船更遠，更遠的
　是船上的汽笛
比沉沉的汽笛更遠，更遠的
　是海上的長風

比浩浩的長風更遠，更遠的
　是天邊的陰雲
比黯黯的陰雲更遠，更遠的
　是樓上的眼睛

—1985.12.21《夢與地理》

一九八五年冬，余光中教授剛結束香港中文大學的教職，回臺定居，於高雄中山大學任教，出版了他的第十五本詩集，也是回臺後的第一本詩集《夢與地理》。

其中收錄的詩作〈望海〉，余教授於二〇一七年生日前的訪談中聊到〈望海〉，是他從香港來高雄之後不久寫的，這個海就是臺灣海峽，當時對於香港是相當懷念，到了西子灣，望著茫茫的海峽，越看越遠、越看越遠，最後呢，最遙遠的是望海的眼睛。

望海的眼睛有兩個意思：

第一個是，我望海，那個方向也是大陸，往那個方向我有所戀慕。

另外一個意思是，別人家也在望我，我在香港、在大陸有很多朋友，他們也在望我，所以最遠的眼睛是：「望海的眼睛」，有雙重的意思。表達了余教授對香港時期的依依不捨之情。

余光中教授於1952年出版之第一部詩集

余光中書寫香港・年表・大事紀

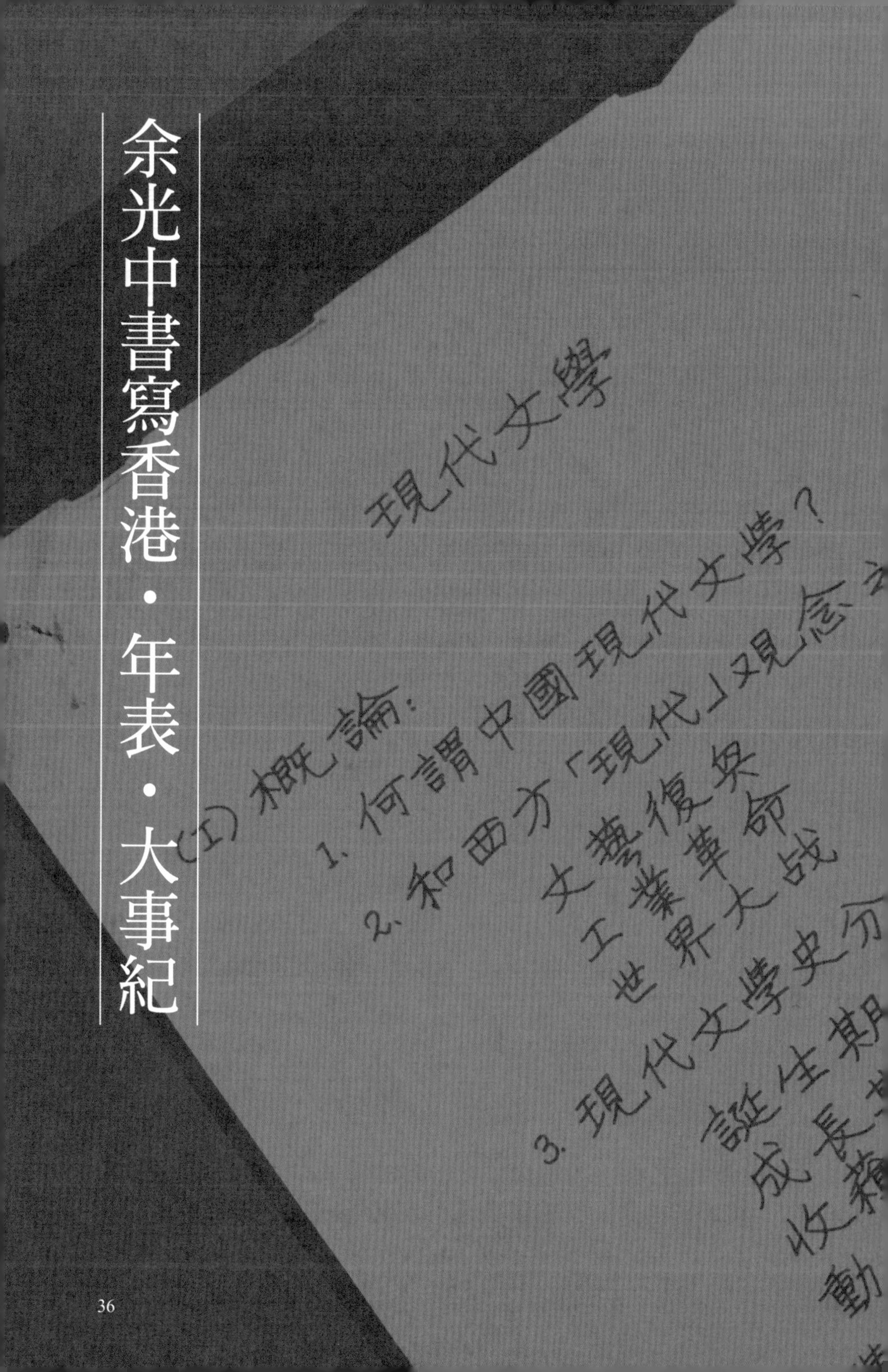

余光中年表

1928 重九日生於南京，祖籍福建永春。

1937 抗战初起，隨母逃难，輾轉抵達重庆。

1940 入四川江北悦来場南京青年会中学。

1945 抗战結束，隨父母回南京。

1947 南京青年会中学畢業。考取北大与金陵大学，因北方战乱，入金大外文系。

1949 轉学厦大，在厦门报上發表诗与评論。

1950 五月来台，考入台大外文系。

1952 台大畢業。《舟子的悲歌》出版。

1953 入國防部联絡官室服役，任少尉編譯官。

1954 与鍾鼎文、覃子豪、夏菁等創「藍星诗社」。

B1.

1956 与范我存结婚。

1957 《梵谷传》与《老人和大海》中译本出版。

1958 六月，長女珊珊生。七月，喪母。十月，赴美在爱奥華大学修文学創作，美國文学、現代藝術。

1959 回台，任師大英語系講師。次女幼珊生。

1960 诗集《万聖節》、《鐘乳石》及《英詩譯註》出版。

1961 与梁实秋、張爱玲、宋淇等合译之《美國诗选》在港出版。三女佩珊生

1964 诗集《蓮的联想》出版。赴美，担任Fulbright Visiting Professor。

1965 四女季珊生。

1966 回台，升任師大副教授。

1969 美國教育部聘任科罗拉多州教育所外國課程顧问。寺鐘学院客

B2.

座教授二年。

1971 回台，升任師大教授。主持中視「世界之窗」節目，推廣搖滾樂。

1972 獲澳洲政府文化獎金，訪澳二月。轉任政大西語系主任。

1973 主編政大《大一英文读本》。教育部派赴汉城出席「亚洲文藝研討会」。

1974 诗集《白玉苦瓜》、散文集《听听那冷雨》出版。轉任香港中文大学中文系教授。

1975 楊弦谱余氏诗八首，在台北中山堂演奏，引發现代民歌運動。

1980 回台一年，任師大英语系主任。

1985 回台，任中山大学文学院院長。次年，主办「木棉花文藝季」，写主題诗〈讓春天從高雄出發〉。

B3.

1992 应北京社会科学院之请讲学。此為四十三年後首次回鄉，迄今去大陸講学已有十六年，受聘担任客座教授之大学，包括母校南京大学与厦门大学，已逾二十所。在大陸各省市出版專書也超过二十种。诗文多篇廣泛收入大、中、小学课本。应英國文藝協会之请，与北島、張戎、湯婷婷參加「中國作家之旅」，巡迴訪問英國六城市。

1995 參加母校厦门大学校庆，在中文系英文系各演講一場。

1998 中山大学文学院与中華民國筆会合办余氏作品之朗诵与研讨会，庆祝余氏七十大壽。

1999 中山大学聘為「光華講座教授」。

2000 散文集《大美為美》列於季羡林主編之《当代中國散文八大家》，由

B4.

深圳海天出版社出版。

2002 參加母校南京大学百年校庆，並在校本部與浦口分部演講。

2004 中譯本《不可兒戲》在香港演出，由楊世彭導演，連滿十八場。

2005 參加岳陽端午節祭屈原盛典，並在汨罗江畔國际龍舟比賽（汨罗江）現場，帶領六百学生，面对兩岸三十萬观眾，朗诵新作〈汨罗江神〉。

2006 詩作〈鄉愁〉刻石為碑，立於成都杜甫草堂。

2007 在珠海、澳门、深圳、常德、廣州、上海、北京各地演講。

2008 香港大学、政治大学先後舉办余光中作品学術研討会。《联合文学》《印刻月刊》均出專輯。新作

B5.

诗集《藕神》、評論集《举杯向天笑》、翻译王尔德喜剧《不要緊的女人》均由九歌出版。

政治大学颁赠名誉文学博士。

The Taipei Chinese PEN 季刊秋季号，出版余光中诗文11篇英译专号。

2009 銘传大学颁赠「金语奖」。

香港《明报月刊出版社》出版《余光中选集》。

2010 湖北秭歸（屈原故鄉）举行端午祭屈原萬人盛会，特邀余氏朗诵86行新作〈秭歸祭屈原〉，現場全國电視直播。

B6.

年表

2011 中山大学頒贈榮譽博士学位。

2012 北京大学聘為駐校詩人。
全球華文星雲文学奬終身成就奬。
《済慈名著譯述》出版。

2013 澳門大学頒贈榮譽博士学位。
中山大学設立「余光中人文講座」。
赴上海參加「台灣电影節」座談。

余光中教授出席1982年金鼎獎頒獎典禮

余光中教授出席1984年金鼎獎頒獎典禮，左為林海音

年代	大事紀
1974	詩集《白玉苦瓜》、散文集《聽聽那冷雨》出版。轉任香港中文大學中文系教授。
1975	《余光中散文選》由香港生活出版社出版。任「青年文學獎」評審，並開始在《今日世界》寫每月專欄。六月回國參加「民謠演唱會」，楊弦譜曲的《中國現代民歌集》唱片出版，楊弦譜余氏詩八首，在台北中山堂演奏，引發現代民歌運動。八月出席第二屆國際比較文學會議。八月出席香港中英翻譯會議，任香港校際朗誦節評審。與唐文標合著《現代詩的建樹與檢討》，由香港燎原出版社出版。
1976	出席倫敦國際筆會第41屆大會，並宣讀〈想像之真〉，任香港校際朗誦節評審。八月，出版詩集《天狼星》，並與洛夫、王鼎鈞、顏元叔等人合編《中國現代文學年選》，由巨人出版社出版。
1977	散文集《青青邊愁》由純文學出版社出版。
1978	"《梵谷傳》新譯本出版，五月出席瑞典國際筆會第43屆大會，並遊歷丹麥和西德。 1978至1980年擔任聯合書院翻譯組組長。"
1979	詩集《與永恆拔河》由洪範書店出版。任香港市政局主辦「中文文學獎」評審。黃維樑編著《火浴的鳳凰：余光中作品評論集》在台出版。
1980	休假回台一年，任師大英文系主任兼任英語研究所所長。擔任《中國時報》及《聯合報》文學獎評審。

年代	大事紀
1981	《余光中詩選(1949-1981)》、評論集《分水嶺上》、以及主編《文學的沙田》出版。八月，由大地出版社新版《五陵少年》。九月出席法國里昂舉辦的國際筆會大會。十二月，出席中文大學「四〇年代文學研討會」，初晤柯靈與辛笛，並宣讀論文〈試為辛笛看手相〉。
1982	發表〈巴黎看畫記〉和一系列山水遊記的論文：〈山水遊記的藝術〉、〈中國山水遊記的感性〉、〈中國山水遊記的知性〉、〈論民初的遊記〉。〈傳說〉獲台北市新聞局金鼎獎歌詞獎。
1983	至委內瑞拉出席第46屆國際筆會。翻譯王爾德喜劇《不可兒戲》出版，並出版詩集《隔水觀音》(洪範書店出版)。
1984	赴東京出席第47屆國際筆會。王爾德《不可兒戲》中譯本由香港山邊社出版，並由香港話劇團演出。中譯《土耳其現代詩選》出版。十月，以〈小木屐〉獲台北市新聞局金鼎獎歌詞獎。榮獲第七屆吳三連文藝獎文學獎(散文類)。
1985	發表五萬字論文〈龔自珍與雪萊〉。為《聯合報》副刊寫專欄「隔海書」。出席新加坡「國際華文文藝」，擔任新加坡「金獅文學獎」評審。先後赴馬尼拉及舊金山主持文學講座。九月十日離港返台，任中山大學文學院院長兼外文研究所所長。香港中華文化促進中心舉辦「余光中惜別詩會」，由戴天主持。十月榮獲第八屆時報文學獎-新詩類推薦獎。十二月，《春來半島：香港十年詩文選》由香港香江出版公司出版，《香港文藝》季刊並推出〈余光中專輯〉。

余光中書寫香港・詩文選讀

〈望海〉

比岸邊的黑石更遠，更遠的
　是石外的晚潮
比翻白的晚潮更遠，更遠的
　是堤上的燈塔
比孤立的燈塔更遠，更遠的
　是堤外的貨船
比出港的貨船更遠，更遠的
　是船上的汽笛
比沉沉的汽笛更遠，更遠的
　是海上的長風
比浩浩的長風更遠，更遠的
　是天邊的陰雲
比黯黯的陰雲更遠，更遠的
　是樓上的眼睛

——1985.12.21《夢與地理》

〈雨聲說些什麼〉

一夜的雨聲說些什麼呢？
樓上的燈問窗外的樹
窗外的樹問巷口的車
一夜的雨聲說些什麼呢？
巷口的車問遠方的路
遠方的路問上游的橋
一夜的雨聲說些什麼呢？
上游的橋問小時的傘
小時的傘問濕了的鞋
一夜的雨聲說些什麼呢？
濕了的鞋問亂叫的蛙
亂叫的蛙問四周的霧
說些什麼呢，一夜的雨聲？
四周的霧問樓上的燈
樓上的燈問燈下的人
燈下的人擡起頭來說

怎麼還沒有停啊：
從傳說落到了現在
從霏霏落到了湃湃
從簷漏落到了江海
問你啊，蠢蠢的青苔
一夜的雨聲說些什麼呢？

——1986.09.09《夢與地理》

〈船灣堤上望中大〉

山盤水轉，再回頭來路已彼岸
波遠風長那對面
隱隱並矗的水塔下
背着半下午秋陰的薄光
高高低低斜錯的那些層樓
那一座是我的層樓啊蜃樓？
那一層陽台，那一扇海蠱的小窗？
那一曲欄仟凭誰的邊愁？
記得是那年上的山，那年下樓？
不識盧山，身在廬山的深處
出了盧山，就識得廬山真面目？
隔海回顧如前塵，十年後
隔記憶該是如何的廬山？
訝樓遠成石，塔小如蕈
三寸玲瓏的盆景，怎裝得下
悠悠那些歲月，馬鞍的朝暾

〈十年看山〉

十年看山，不是看香港的青山
是這些青山的背後
那片無窮無盡的后土
四海漂泊的龍族，叫它做大陸
壯士登高叫它做九州
英雄落難叫它做江湖
看山十年，恨這些青山擋在門前
把那片朝北的夢土遮住
只為了小時候，一點頑固的回憶
看山十年，竟然青山都不曾入眼
卻讓紫荊花開了，唉，又謝了
十年過去，這門外的羣峰
在訣別的前夕，猛一抬頭
忽然青青都湧到了眼裏，猛一回頭
早已青青綿亙在心裏
每當有人問起了行期
青青山色便哽塞在喉際

八仙的晚霞，和行行列列
簇坐開會的一眾山人？

—1977.12.15《與永恆拔河》

余光中教授與友人合影於香港船灣，左起洪嫻、思果、余光中、陳之藩

他日在對海，只怕這一片蒼青
更將歷歷入我的夢來
——淩波的八仙，覆地的大帽
　鎮關的獅子，昂首的飛鵝
將縮成一堆多嫵媚的盆景
再一回頭，十年的緣分
都化了盆中的寸水寸山
頓悟那才是失去的夢土
十年一覺的酣甜，有青山守護
門前這一列，唉，無言的青山
把囂囂的口號擋在外面

—1985.06.08《紫荊賦》

〈別香港〉

如果離別是一把快刀
青鋒一閃而過
就將我剖了吧，剖
剖成兩段呼痛的斷藕
一段，叫從此
一段，叫從前
斷不了的一條絲在中間
就牽成渺渺的水平線
一頭牽著你的山
一頭牽著我的眼
一頭牽著你的樓
一頭牽著我的愁

——1985.08.20《紫荊賦》

〈香港結〉

十年打一個香港結
用長長的海岸做絲線
左盤右轉
編成了縈迴的港灣
用地鐵連成一串
那樣瀟灑的活結
以為到時候
只消輕輕地一抽
從頭到尾
就解了一切的綢繆

而今已到了那時候
無論當初打結的人
怎樣地抽手
怎樣地抽身
怎樣側側又轉轉

余光中教授攝於香港船灣

那死結啊再抽也不散
而無論是那根線頭
從西貢到長洲
總是越抽越緊
隱隱，都牽到心頭

——1985.12.02《夢與地理》

〈暮色之來〉

夕曛的餘金鱗鱗
三點兩點在吐露港上
一葉渡輪載來
八仙嶺下的蒼茫
紫靄起處，對海諸峰都陷落了
九廣路的客車鏗鏗北上後
懷遠的鐵軌更寂寞了
暮色之來一如長睫之來
輕輕，密密地
美麗的灰色垂落在眼波上
而憑我，一扇面海的小窗
怎抵得住
暮色凌波之來襲
七里迤長的海岸已全告登陸

— 1977.11.21《與永恆拔河》

〈蒼茫時刻〉

溫柔的黃昏啊唯美的黃昏
當所有的眼睛都向西凝神
看落日在海葬之前
用滿天壯麗的霞光
像男高音為歌劇收場
向我們這世界說再見
即使防波堤伸得再長
也挽留不了滿海的餘光
更無法叫住孤獨的貨船
莫在這蒼茫的時刻出港

— 1998.02.15《高樓對海》

余光中書寫香港・詩作列表・詩作風格

余光中書寫香港・詩作列表

序號	創作年份	詩作名稱	出處	出版年	出版地
1	1976.04	憂鬱狂想曲：憂鬱啊靈魂的硝酸液，鏡中的你可是你自己？	天狼星	2008	臺北市
2	1976.04	大度山：你不知道你是誰，你憂鬱，你知道你不是誰，你幻滅	天狼星	2008	臺北市
3	1982.04	相思樹下	安石榴	1996	臺北市
4	1984.04	獨坐	安石榴	1996	臺北市
5	1984.05	香港四題	紫荊賦	1986	臺北市
6	1974.10.18	颱風夜	與永恆拔河	1979	臺北市
7	1974.10.18	放風箏：隔水寄芳明	與永恆拔河	1979	臺北市
8	1974.11.03	沙田之秋	與永恆拔河	1979	臺北市
9	1974.11.14	撐桿跳選手	與永恆拔河	1979	臺北市
10	1974.12.09	九廣路上	與永恆拔河	1979	臺北市
11	1974.12.09	旺角一老媪	與永恆拔河	1979	臺北市
12	1974.12.09	憶舊遊	與永恆拔河	1979	臺北市
13	1975.04.10	燈下	與永恆拔河	1979	臺北市
14	1975.04.18	海祭	與永恆拔河	1979	臺北市
15	1975.04.24	蟋蟀和機關槍	與永恆拔河	1979	臺北市
16	1975.04.25	馬料水的黃昏	與永恆拔河	1979	臺北市
17	1975.04.25	幻景	與永恆拔河	1979	臺北市
18	1975.05.07	西貢：兼懷望堯	與永恆拔河	1979	臺北市
19	1975.06.11	淡水河上	與永恆拔河	1979	臺北市

序號	創作年份	詩作名稱	出處	出版年	出版地
20	1975.06.19	給傘下人	與永恆拔河	1979	臺北市
21	1975.07.04	隔水書	與永恆拔河	1979	臺北市
22	1975.07.12	天望	與永恆拔河	1979	臺北市
23	1975.08.01	貼耳書	與永恆拔河	1979	臺北市
24	1975.08.02	雪崩	與永恆拔河	1979	臺北市
25	1975.08.02	小褐斑	與永恆拔河	1979	臺北市
26	1975.08.09	少年遊：宴別紹銘	與永恆拔河	1979	臺北市
27	1975.09.15	中秋月	與永恆拔河	1979	臺北市
28	1975.09.29	九廣鐵路	與永恆拔河	1979	臺北市
29	1975.10.26	夢魘：博物館中的一課	與永恆拔河	1979	臺北市
30	1975.11.09	梟：二十七年如一夕	與永恆拔河	1979	臺北市
31	1975.12.10	紅葉	與永恆拔河	1979	臺北市
32	1976.02.15	北望：每依北斗望京華	與永恆拔河	1979	臺北市
33	1976.02.16	井之傳說	與永恆拔河	1979	臺北市
34	1976.02.17	戰地記者	與永恆拔河	1979	臺北市
35	1976.04.18	天狼星（新稿）之一 — 古龍吟	天狼星	2008	臺北市
36	1976.04.18	天狼星（新稿）之二 — 圓通寺	天狼星	2008	臺北市
37	1976.04.18	天狼星（新稿）之三 — 四方城	天狼星	2008	臺北市
38	1976.04.18	天狼星（新稿）之四 — 多峰駝上	天狼星	2008	臺北市
39	1976.04.18	天狼星（新稿）之五 — 海軍上尉	天狼星	2008	臺北市

序號	創作年份	詩作名稱	出處	出版年	出版地
40	1976.04.18	天狼星（新稿）之六 — 大武山	天狼星	2008	臺北市
41	1976.04.18	天狼星（新稿）之七 — 孤獨國	天狼星	2008	臺北市
42	1976.04.18	天狼星（新稿）之八 — 浮士德	天狼星	2008	臺北市
43	1976.04.18	天狼星（新稿）之九— 表弟們	天狼星	2008	臺北市
44	1976.04.18	天狼星（新稿）之十 — 天狼星變奏曲	天狼星	2008	臺北市
45	1976.06.20	迷夢紗	與永恆拔河	1979	臺北市
46	1976.06.20	海魘	與永恆拔河	1979	臺北市
47	1976.11.04	慰一位落選人	與永恆拔河	1979	臺北市
48	1976.11.16	公無渡河	與永恆拔河	1979	臺北市
49	1977.03.31	唐馬	與永恆拔河	1979	臺北市
50	1977.04.07	半島上	與永恆拔河	1979	臺北市
51	1977.04.08	火把	與永恆拔河	1979	臺北市
52	1977.04.12	黃金城	與永恆拔河	1979	臺北市
53	1977.04.18	望邊	與永恆拔河	1979	臺北市
54	1977.08.08	大停電	與永恆拔河	1979	臺北市
55	1977.11.21	暮色之來	與永恆拔河	1979	臺北市
56	1977.11.21	赤子裸奔：迎望堯回國	與永恆拔河	1979	臺北市
57	1977.11.26	蒼茫來時	與永恆拔河	1979	臺北市
58	1977.12.14	沙田秋望	與永恆拔河	1979	臺北市
59	1977.12.15	船灣堤上望中大	與永恆拔河	1979	臺北市

序號	創作年份	詩作名稱	出處	出版年	出版地
60	1977.12.19	聽瓶記	與永恆拔河	1979	臺北市
61	1977.12.19	瑜珈	與永恆拔河	1979	臺北市
62	1978.01.07	握手	與永恆拔河	1979	臺北市
63	1978.01.29	白即是美——贈白髮初驚的楊牧	與永恆拔河	1979	臺北市
64	1978.02.12	旗	與永恆拔河	1979	臺北市
65	1978.02.26	與永恆拔河	與永恆拔河	1979	臺北市
66	1978.02.28	超馬：給一位青年驍騎士	與永恆拔河	1979	臺北市
67	1978.03.14	老火車站鐘樓下	與永恆拔河	1979	臺北市
68	1978.03.26	清明前七日	與永恆拔河	1979	臺北市
69	1978.04.04	蔡元培墓前	與永恆拔河	1979	臺北市
70	1978.04.23	漂給屈原	與永恆拔河	1979	臺北市
71	1978.04.26	郵票	與永恆拔河	1979	臺北市
72	1978.04.28	那鼻音：接瘂弦長途電話	與永恆拔河	1979	臺北市
73	1978.05.28	哥本哈根	與永恆拔河	1979	臺北市
74	1978.06.21	一百八十秒：給長途電話的接線生	與永恆拔河	1979	臺北市
75	1978.06.25	獨白	與永恆拔河	1979	臺北市
76	1978.08.07	夜讀	與永恆拔河	1979	臺北市
77	1978.08.07	菊頌	與永恆拔河	1979	臺北市
78	1978.08.12	拉鋸戰	與永恆拔河	1979	臺北市
79	1978.09.04	摺扇	與永恆拔河	1979	臺北市

序號	創作年份	詩作名稱	出處	出版年	出版地
80	1978.09.06	古甕記：與國彬同賞貿易瓷展	與永恆拔河	1979	臺北市
81	1978.09.18	中秋夜	與永恆拔河	1979	臺北市
82	1978.09.19	蟋蟀吟	與永恆拔河	1979	臺北市
83	1978.12.01	秋興	與永恆拔河	1979	臺北市
84	1978.12.10	水晶牢：詠錶	與永恆拔河	1979	臺北市
85	1978.12.28	國旗：給愛國的青年	與永恆拔河	1979	臺北市
86	1979.05.26	湘逝：杜甫歿前舟中獨白	隔水觀音	1979	臺北市
87	1979.05.26	夜讀東坡	隔水觀音	1979	臺北市
88	1979.09.08	魔鏡	隔水觀音	1979	臺北市
89	1979.09.09	第幾類接觸？	隔水觀音	1979	臺北市
90	1979.09.16	山中傳奇	隔水觀音	1979	臺北市
91	1979.10.06	奇蹟	隔水觀音	1979	臺北市
92	1979.11.15	贈斯義桂	隔水觀音	1979	臺北市
93	1980.04.26	戲李白	隔水觀音	1979	臺北市
94	1980.04.27	尋李白：痛飲狂歌空度日，飛揚跋扈為誰雄	隔水觀音	1979	臺北市
95	1980.04.29	輓歌	隔水觀音	1979	臺北市
96	1980.05.01	石胎	隔水觀音	1979	臺北市
97	1980.05.03	驚蛙	隔水觀音	1979	臺北市
98	1980.05.08	念李白：我本楚狂人，鳳歌笑孔丘	隔水觀音	1979	臺北市

序號	創作年份	詩作名稱	出處	出版年	出版地
99	1980.07.03	扇	隔水觀音	1979	臺北市
100	1980.07.07	五十歲以後	隔水觀音	1979	臺北市
101	1980.07.11	競渡	隔水觀音	1979	臺北市
102	1980.07.14	苦熱	隔水觀音	1979	臺北市
103	1980.08.13	弔諧星賽拉斯	隔水觀音	1986	臺北市
104	1982.01.08	飛過海峽	紫荊賦	1986	臺北市
105	1982.04.11	夜色如網	紫荊賦	1986	臺北市
106	1982.04.14	七字經	紫荊賦	1986	臺北市
107	1982.04.15	最薄的一片暮色	紫荊賦	1986	臺北市
108	1982.04.16	一枚松果	紫荊賦	1986	臺北市
109	1982.04.20	你仍在島上：懷念德進	紫荊賦	1986	臺北市
110	1982.04.20	夸父	紫荊賦	1986	臺北市
111	1982.04.24	敬禮，木棉樹	紫荊賦	1986	臺北市
112	1982.04.26	魚市場記	紫荊賦	1986	臺北市
113	1982.05.04	插圖	紫荊賦	1986	臺北市
114	1982.05.09	舊木屐：木屐懷古組曲之三	紫荊賦	1986	臺北市
115	1982.05.09	長青樹	紫荊賦	1986	臺北市
116	1982.05.12	踢踢踏：木屐懷古組曲之二	紫荊賦	1986	臺北市
117	1982.05.14	長跑選手	紫荊賦	1986	臺北市
118	1982.05.17	小木屐：木屐懷古組曲之一	紫荊賦	1986	臺北市

序號	創作年份	詩作名稱	出處	出版年	出版地
119	1982.06.20	你是那雲	紫荊賦	1986	臺北市
120	1982.07.09	土地公的獨白	紫荊賦	1986	臺北市
121	1982.07.20	飛碟之夜：羅青畫展所見	紫荊賦	1986	臺北市
122	1982.07.22	孤松：贈答管管	紫荊賦	1986	臺北市
123	1982.07.29	黃昏	紫荊賦	1986	臺北市
124	1982.08.02	梅花嶺：遙祭史可法	紫荊賦	1986	臺北市
125	1982.08.31	山中暑意七品	紫荊賦	1986	臺北市
126	1982.09.29	進出	紫荊賦	1986	臺北市
127	1982.10.02	六把雨傘	紫荊賦	1986	臺北市
128	1982.10.02	松下有人	紫荊賦	1986	臺北市
129	1982.10.02	松下無人	紫荊賦	1986	臺北市
130	1982.10.04	毋忘我：弔蘇恩佩	紫荊賦	1986	臺北市
131	1983.04.29	小紅書	紫荊賦	1986	臺北市
132	1983.05.07	黃河	紫荊賦	1986	臺北市
133	1983.05.16	昭君	紫荊賦	1986	臺北市
134	1983.05.22	甘地之死	紫荊賦	1986	臺北市
135	1983.05.22	甘地朝海	紫荊賦	1986	臺北市
136	1983.05.26	甘地紡紗	紫荊賦	1986	臺北市
137	1983.07.12	松濤	紫荊賦	1986	臺北市
138	1983.07.20	過獅子山隧道	紫荊賦	1986	臺北市

序號	創作年份	詩作名稱	出處	出版年	出版地
139	1983.07.23	山中一日	紫荊賦	1986	臺北市
140	1983.09.07	遠方來信	紫荊賦	1986	臺北市
141	1983.09.07	哀鴿：庫頁島上空召魂	紫荊賦	1986	臺北市
142	1983.12.08	致歐威爾	紫荊賦	1986	臺北市
143	1984.03.10	初春	紫荊賦	1986	臺北市
144	1984.03.10	不忍開燈的緣故	紫荊賦	1986	臺北市
145	1984.03.13	霧失沙田	紫荊賦	1986	臺北市
146	1984.03.19	布榖	紫荊賦	1986	臺北市
147	1984.03.22	蛛網	紫荊賦	1986	臺北市
148	1984.03.23	別門前群松	紫荊賦	1986	臺北市
149	1984.04.02	心血來潮	紫荊賦	1986	臺北市
150	1984.04.04	火車懷古	紫荊賦	1986	臺北市
151	1984.04.14	堤上行：贈羅門之一	紫荊賦	1986	臺北市
152	1984.04.14	漂水花：贈羅門之二	紫荊賦	1986	臺北市
153	1984.04.16	紫荊賦	紫荊賦	1986	臺北市
154	1984.05.18	東京新宿驛	紫荊賦	1986	臺北市
155	1984.05.27	兩個日本學童	紫荊賦	1986	臺北市
156	1984.06.01	傘中遊記	紫荊賦	1986	臺北市
157	1984.06.19	所謂永恆	紫荊賦	1986	臺北市
158	1984.06.19	國際會議席上	紫荊賦	1986	臺北市

序號	創作年份	詩作名稱	出處	出版年	出版地
159	1984.08.04	捉放蝸牛	紫荊賦	1986	臺北市
160	1985.06.05	東京上空的心情	紫荊賦	1986	臺北市
161	1985.06.08	十年看山	紫荊賦	1986	臺北市
162	1985.06.22	老來無情	紫荊賦	1986	臺北市
163	1985.08.20	別香港	紫荊賦	1986	臺北市

余光中書寫香港・詩作風格

余光中教授於一九七四年至一九八五年間應聘任教於香港中文大學聯合書院中文系，這段期間創作出一百六十三首已出版的詩文及二十五篇已出版的散文，是創作的黃金歲月時期，對於往後臺灣時期的創作有著深遠的影響。

余光中教授於四十六歲至五十七歲歲應聘至香港中文大學任教，歷時十一年，其詩作主題風格大致可分為三種：

其一為「生活感悟」，從位在沙田的宿舍望去，因周遭事物而起興，是其香港生活的紀錄；

其二為「憂國懷鄉」，地處香港，身在邊界，嚮往回不去的故鄉；

其三為「古典情懷」，久在中文系的緣故，而有了情不自禁的「文化孺慕」以及「歷史歸屬感」。

余光中書寫香港・跋

國立中山大學圖書與資訊處 王玲瑗組長

二〇〇八年，本校圖書館決定成立「余光中教授特藏」，將此任務指派給我時，內心既喜悅又惶恐，從此大師於我，不再只是文字的心靈接觸，而是可觸及的大師身影，我雖非大師的學生或部屬，但私心將余光中教授當成我的老師與長官。

二〇一一年建置完成「余光中教授特藏室」，同時上線開放「余光中數位文學館」，在這四年的籌備期中，經常有機會近身請教余老師，親炙大師風采；猶記得為爭取科技部「拓展台灣數位典藏計畫」時，需要余光中教授的授權書，雖然余老師不會使用電腦，是以筆書寫來表達文字，對於「數位」代表的涵義也不是很清楚，但當時，余老師鼓勵與嘉許的閃耀眼神，至今縈繞腦海。

香港時期的書寫，在余光中教授漫長的創作生涯，居於承先啟後的關鍵地位，為了完整蒐集余光中教授詩文創作的軌跡，二〇一七年獲得本校「頂新人文藝術中心」的補助；當年四月，我和余幼珊教授拜訪香港中文大學，進行「余光中書寫香港記錄片」的拍攝規劃，在六月時，由圖書與資訊處林子政、邱郁雅及傅屹璽三位同仁及攝影師再赴香港中文大學及沙田地區，進行影片取景和深度訪談。

三十年時空環境的轉換，雖已找不到當時香港的場景，但隨著一首又一首濃厚香港詩文的情懷演繹，當代香港場景與余光中教授老照片的古今交錯下，詩人在香港的創作、教學與生活歷歷在目，迴盪出濃濃香港情。

二〇一七年十月二十六日，在本校西子灣校友會館首度公開播映本片，當時余老師行動雖稍緩慢，但身體尚硬朗，沒想到這次活動竟成為余老師生前最後一次的公開活動，聽聞噩耗令人難以置信。

本小冊子伴隨紀錄片出版，除將紀錄片內容以文字方式呈現外，也收集余光中教授在香港創作的詩作書目文獻，作為此一時期的文學探討與學術研究的相關參考資料。本片的拍攝，首先要感謝本校鄭英耀校長與頂新人文藝術中心黃心雅主任的經費補助，也感謝圖書與資訊處范俊逸處長的支持，余幼珊教授的協助與提供諮詢，同時感謝香港中文大學圖書館副館長劉麗芝女士、助理館長李麗芳女士提供拍攝支援，更感謝所有參與本片製作拍攝的同仁，方能完成此一艱鉅任務。

謹以此文為跋，感謝籌製過程中所有提供協助的每個人。

二〇一八年二月二十三日
西子灣

國家圖書館出版品預行編目(CIP)資料

余光中書寫香港 ： 紫荊花的記憶 ／ 王玲瑗主編
高雄市 ： 中山大學, 2018.04
面 ； 14.8X21公分
1.紀錄片
987.81　　　　107005802

余光中書寫香港：紫荊花的記憶

發行人／鄭英耀
出版者／國立中山大學
地址／高雄市鼓山區蓮海路70號
電話／07-5252000

主編／王玲瑗
編輯者／邱郁雅、傅屹璽
美術編輯／奧笛多媒體廣告有限公司 許家甄
印刷／奧笛多媒體廣告有限公司
出版日期／2018年4月
版次／初版
ISBN／978-957-9014-79-3
(平裝附數位影音光碟)